# 1 | Hansehafen

**Tourist-Information** Apr.–Okt.: Mo–Fr 10–18 Uhr,
Sa/So 10–15 Uhr; Nov.–März: Mo–Fr 10–17 Uhr,
Sa 10–15 Uhr, www.stade-tourismus.de

Der Stadtrundgang durch die wunderschöne Hansestadt Stade beginnt am nördlichen Rand der Altstadt in
der gut sortierten Tourist-Information (Hansestraße 16).
Die drei seitlich des Gebäudes stehenden Flutkanonen
aus dem 18. Jahrhundert feuerten ihre Warnschüsse zuletzt während der im Februar 1962 wütenden Sturmflut
ab, bei der drei Helfer ihr Leben verloren. Nur wenige
Schritte entfernt erreicht man den Hansehafen, eine der
ältesten erhaltenen Hafenanlagen in Nordeuropa und
über Jahrhunderte die Lebensader der Stadt.

Bereits um das Jahr 1000 war eine erste Ansiedlung
an der Schwinge, am Abhang eines Geesthügels, so groß
geworden, dass ihr Hafen nicht mehr ausreichte und am
Westhang (heute: Wasser Ost) eines künstlich aufgeschütteten Hügels eine neue Hafenmole angelegt wurde.
Auf diesem sogenannten Spiegelberg thronte eine Burg,
die erstmals der Chronist Thietmar von Merseburg im
Jahre 994 im Zusammenhang mit einem Wikingerüber-

Flutkanonen

## Wikingerüberfall

Im Juni 994 erschien vor der Küste zwischen Elb- und Wesermündung eine große Wikingerflotte des dänischen Königs Sven Gabelbart. In königlichem Auftrag stellten sich ihm die Grafen beiderseits der Elbe entgegen. Am 29. Juni 994 kam es vermutlich an der Schwingemündung zur Schlacht, in der die Verteidiger vernichtend geschlagen wurden. Der Harsefelder Graf Siegfried geriet in Gefangenschaft. Kurz bevor er gegen eine Geisel – seinen Neffen Thietmar – ausgetauscht werden sollte, floh Siegfried. Die um ihr Lösegeld geprellten Wikinger drangen daraufhin gewaltsam in Stade ein und verstümmelten ihre übrigen Geiseln. 1014 schrieb Thietmar anschaulich das Ereignis nieder.

fall als »Stethu« erwähnte. Im 11. Jahrhundert bauten die Grafen von Harsefeld, mit denen Thietmar verwandt war und die bald nach dem Überfall nach Stade übergesiedelt waren, die Hafenmarktsiedlung weiter aus. Nicht weit entfernt hatte der Erzbischof von Bremen rund um die Kirche St. Wilhadi eine weitere Siedlung errichtet, die 1038 das kaiserliche Markt-, Münz- und Zollprivileg erhielt – beide Siedlungsbereiche waren durch eine Hecke voneinander getrennt. Dem Aussterben des Harsefelder Grafengeschlechtes 1144 folgte ein fast 100-jähriger Erbfolgestreit zwischen den Bremer Erzbischöfen und den Welfen. Ihr bekanntester Spross, Herzog Heinrich der Löwe, ließ Burg, Hafen und Siedlung im 12. Jahrhundert umwallen. Die schließlich siegreichen Bremer erweiterten die Stadt ab 1236 planmäßig. Unterdessen hatte Kaiser Otto IV. Stade 1209 das volle Stadtrecht verliehen.

Bereits um die Mitte des 13. Jahrhunderts erfolgte die Anlegung des bis heute erhaltenen Hafenbeckens. Dass die Bauarbeiten nur wenige Jahre in Anspruch genommen haben können, beweist das 1259 zugesprochene Stapelrecht. Dadurch waren alle in die Elbe einfahrenden Schiffe dazu verpflichtet, rund eineinhalb Tage festzumachen und ihre Waren in Stade feilzubieten. Bereits im 15. Jahrhundert waren sowohl die Schwinge als auch der Hansehafen, die durch den Gezeitenwechsel stets unter Verschlickung litten, für die großen Fernhandelsschiffe zu schmal und zu niedrig geworden, und schließlich setzte Hamburg sein Elbhandelsmonopol durch.

Nach Schleifung der Stadtbefestigung und dem dadurch ermöglichten Bau des neuen Hafens verlor der Hansehafen im ausgehenden 19. Jahrhundert seine Funktion. Rund 700 Jahre nach seiner Anlage wurde der Schiffsbetrieb im Hansehafen, der 1967 im Zuge des Baus der Hansestraße als Altstadtumgehung durch ein Siel abgeschottet wurde, eingestellt.

1989 erforderten Instandsetzungsarbeiten an den Kaimauern die Trockenlegung des Hafenbeckens – ein Glücksfall für die Stadtarchäologie! Der gesamte Aushub förderte 200 000 teils spektakuläre Einzelfunde aus der 1000-jährigen Geschichte der Stadt zu Tage: Alltagsgegenstände, Schmuck, Waffen, Münzen u.v.m. Heute ist es ruhig geworden im Stader Hafenbecken, nur der Ewer »Willy« erinnert noch an das einst geschäftige Treiben.

Rechts: Wasser West

## 2 | Baumhaus

Modell einer Kogge, des typischen Frachtschiffes der Hanse

Früher liefen die Schiffe neben dem Baumhaus in den Hafen ein. Hier befand sich die Amtsstube des Hafenmeisters. Da er mithilfe eines riesigen, im Wasser liegenden Baumstammes die Zufahrt zum Hafen gewährte, nannte man ihn Baumschließer. Er wachte darüber, dass nur Güter, für die vorher ordnungsgemäß Zoll entrichtet worden war, den Hafen verließen. Auch bei der Einfuhr hatte er ein Wörtchen mitzureden. Der erste namentlich bekannte Baumschließer musste 1609 u. a. »fleissige Aufachtung haben, das kein Hamburger undt andere frembde Biere undt Gedrencke an Frantzosischen, Reinschen undt dergleichen Weine, ohne des Radts erlaubnis eingefhüret werde.« Außerdem bediente der Baumschließer eine hölzerne Klappbrücke, die die beiden Straßen Wasser Ost und Wasser West miteinander verband – die heutige Straßenführung existierte damals noch nicht. Das 1773/74 direkt auf der Ufermauer errichtete Fachwerkhaus beherbergte bis 1947 das Hafenamt. Heute befindet sich darin das private Museum »Alt Stade« mit kultur- und stadtgeschichtlichen Relikten aus den vergangenen 300 Jahren, ergänzt durch alte Fotos und Zeitungsartikel (Anmeldung Tel. 04141 4 54 34).

## 3 | Schwedenspeicher

**Museum** Di–Fr 10–17 Uhr, Sa/So 10–18 Uhr

Das imposante Gebäude, das direkt am Hansehafen liegt, ist der sogenannte Schwedenspeicher. Unvorstellbar, dass in den 1960er Jahren der Abriss dieses und anderer maroder Gebäude geplant war. Mit dem Bauschutt sollte der alte Hansehafen zugeschüttet werden, um innenstadtnahe Parkplätze in einer modernen autogerechten Stadt zu schaffen! Zum Glück mangelte es am nötigen Geld, zudem kämpfte eine Bürgerinitiative erfolgreich für den Erhalt der historischen Substanz. Dank der Ansiedlung etlicher Industriebetriebe vor den Toren der Stadt wendete sich das Blatt nur ein Jahrzehnt später, nun konnten die sprudelnden Steuereinnahmen in die Erhaltung der historischen Altstadt fließen.

Während des Dreißigjährigen Krieges wurde Stade mehrfach zum Spielball konkurrierender Mächte, bis schließlich der schwedische General Hans Christoph von Königsmarck 1645 das Gebiet zwischen Elbe und Weser eroberte. Im Westfälischen Frieden erhielt Schweden 1648 als Entschädigung für die Kriegslasten die Herzogtümer Bremen und Verden. Als »Brückenkopf« ge-

**Hans Christoph von Königsmarck**
1600–1663, Heerführer, Generalgouverneur des Herzogtums Bremen-Verden. Aus verarmtem märkischen Landadel stammend, trat Königsmarck während des Dreißigjährigen Krieges 1630 in schwedische Dienste. Zum Feldmarschall aufgestiegen, verlieh ihm die schwedische Königin für seine militärischen Erfolge den Titel eines Grafen und setzte ihn als Generalgouverneur mit Amtssitz in Stade ein. Königsmarck war einer der reichsten und mächtigsten Männer des barocken Europa. Berühmt wurden seine Enkel Philipp Christoph, der einem aufsehenerregenden Mordkomplott zum Opfer fiel, sowie Maria Aurora.

Stade war eine der frühesten deutschen Städte, die sich der **Hanse** anschlossen, jener losen Interessengemeinschaft, die besonders die Nord- und Ostsee als Handelsgebiet erschloss und zunehmend politische, wirtschaftliche und kulturelle Bedeutung gewann. Erstmals 1373 nahmen Vertreter der Stadt an einem Hansetag teil. Stade galt als bedeutender Umschlagplatz zwischen Wasser und Land, zu den wichtigsten Handelsgütern zählten Tuche, Salz, Luxuswaren und landwirtschaftliche Erzeugnisse. Der Schwerpunkt des Stader Fernhandels lag in Jütland, Flandern und Holland. 1601 wurde Stade »verhanst«, d. h. aus der Hanse ausgeschlossen.

gen den dänischen Erzfeind erkoren sie Stade zu ihrem Hauptsitz. Damit begann für Stade die fast 70 Jahre – bis 1712 – währende Schwedenzeit, die das Stadtbild bis heute entscheidend prägt. Stade wandelte sich zu einer stark befestigten Garnisonsstadt. Für die einheimische Bevölkerung war dies eine große Umstellung, denn die schwedischen Truppen, immerhin rund 1000 Soldaten samt Familien, mussten erst einmal untergebracht und versorgt werden, Kasernen gab es noch nicht.

1692 begann man mit dem Bau eines Provianthauses, das 1705 seiner Bestimmung übergeben wurde. Der im Volksmund bald Schwedenspeicher genannte Bau erstreckt sich auf 40 x 16 Metern direkt an der Hafeneinfahrt, gewaltige Holzpfähle stützen das Gebäude an der Wasserseite. Über den beiden Vollgeschossen erheben sich drei Dachgeschosse und ein großflächiges Krüppelwalmdach. Bis ins 19. Jahrhundert wurde das Provianthaus als Lager genutzt.

Seit 1977 beherbergt der grundlegend restaurierte Schwedenspeicher das Stadt- und Regionalmuseum. Das rundbogige Sandsteinportal wird von einem gebrochenen Segmentbogengiebel mit dem Monogramm des schwedischen Königs Karl XII. bekrönt. Am Giebel der Fassade erinnert eine Ladeluke mit Lastenaufzug an die Vergangenheit des Gebäudes. Im Erdgeschoss führt ein Multimediamodell in die wichtigsten Epochen der Stader Stadtgeschichte ein, außerdem werden hier die interessantesten Funde aus dem Hafenbecken präsentiert. Nicht zu übersehen ist im Inneren die imposante Holzskelettkonstruktion mit den jeweils zwei Holzständerreihen. Beeindruckende Ausstellungsstücke sind u. a. ein vor 5000 Jahren gefertigter Dolch, dessen Messerscheide aus Schafleder besteht und dessen hölzerner Griff mit Wollstoff gefüttert ist, sowie die berühmten Stader Bronzeräder (um 700 v. Chr.), die vermutlich Teil eines Kultwagens waren und 1919 in der Goebenstraße entdeckt wurden. Eine große Dauerausstellung ist der Geschichte der Hanse gewidmet, und zahlreiche interaktive Stationen machen den Museumsbesuch auch für Familien besonders spannend.

## 4 | Wasser West und Ost

Vom kleinen Vorplatz des Schwedenspeichers aus genießt man einen herrlichen Blick auf das Hafenbecken, um das herum die Straßen Wasser Ost und Wasser West sowie der angrenzende Fischmarkt die »gute Stube« Sta-

Wasser Ost

»Mutter Flint mit dem Stint«

### Stadtbrand

Der 26. Mai 1659 gehört zu den unheilvollsten Tagen der Stader Historie, denn der große Stadtbrand vernichtete rund zwei Drittel aller Wohnhäuser sowie Kirchen, das Rathaus und den Hafenkran. Vermutlich war das Feuer in der Marketenderei der schwedischen Garnison ausgebrochen. Da es lange nicht geregnet hatte, entfachte starker Wind einen wahren Feuersturm, der sich schnell durch die meist strohgedeckten Fachwerkhäuser fraß. Nur das Wasser der Schwinge rettete einige Häuser am Hafen sowie in Bäcker- und Bungenstraße. Kurze Zeit später begannen die Bürger auf dem alten Stadtgrundriss mit dem Wiederaufbau ihrer Stadt, u. a. finanziert durch Sondersteuern und die Unterstützung norddeutscher Hansestädte. 1660 erließ der Rat eine Feuerordnung, die 1732 erneuert wurde.

des bilden. Zahlreiche Cafés und Restaurants laden hier zum Verweilen ein. Auch Filmteams schätzen die malerische Kulisse. So wurde z. B. 2015 in Stade der Dokumentarfilm »Gigant des Nordens« gedreht – paradoxerweise über die Geschichte des Hamburger Hafens, der über Jahrhunderte in Konkurrenz zu Stade stand.

Während die prächtigen Kaufmannshäuser am Wasser West teils bis auf das 15. Jahrhundert zurückgehen, ist die gegenüberliegende Uferbebauung jüngeren Ursprungs, da die frühere Bebauung dem Stader Stadtbrand von 1659 zum Opfer fiel. Hier am Wasser Ost waren vor allem Kapitäne und Fährschiffer beheimatet, deren Häuser einfacher gehalten waren.

Die Häuser am Wasser Ost – früher »sub castro« bzw. »by dem water under der borch« genannt – stehen am Fuße des Spiegelberges, einer aufgeschütteten Erhebung, auf der sich bereits im 10. Jahrhundert eine Burg befunden hat. Bald nach dem Wikingerüberfall siedelten die Grafen von Harsefeld dorthin über. Während der Erbstreitigkeiten, die nach dem Aussterben der Grafen ausbrachen, suchte der Welfenherzog Heinrich der Löwe in der Burg Zuflucht. Bis zu ihrem Abbruch 1733 erhob sich auf dem Spiegelberg die Kirche St. Pankratii.

Die Kranwinde steht seit 1873 vor dem Schwedenspeicher; sie war bis 1952 im Einsatz. Ein paar Schritte weiter ist die »Mutter Flint mit dem Stint« – der eigentlich ein Hecht ist – ein beliebtes Fotomotiv. Die 1986 geschaffene Skulptur erinnert an die stadtbekannte Fischverkäuferin Margarete Flint (1861–1952), die bis ins hohe Alter ihre fangfrische Ware feilbot. Zum Transport benutzte sie einen mit Wachstuch ausgelegten Kinderwagen.

## 5 | Bürgermeister-Hintze-Haus

Eines der prachtvollsten Gebäude am Hansehafen ist das Bürgermeister-Hintze-Haus. Die rötlich verputzte Backsteinfassade kontrastiert wirkungsvoll mit Werkstücken aus grauweißem Sandstein, die besonders das Portal, den Fensterschmuck und den Giebel hervorheben. Der kunstvoll geschweifte Giebel wird auf drei Etagen von kleinen Obelisken flankiert. Diese Zier im Stil der Weserrenaissance wurde dem spätgotischen Kaufmannshaus

Goebenhaus

im Jahr 1621 im Auftrag des Stader Bürgermeisters und Kaufmanns Heino Hintze vorgeblendet. Auf beiden Seiten des Portals prangen die Wappen von ihm und seiner Gattin.

Der alte Hafen war vor seiner Abschottung ein Tidehafen, der durch die Schwinge auch von den Gezeiten der Elbe betroffen war. Da die Hafenbereiche häufig unter Wasser standen, besaßen die Häuser meist höher gelegene Erdgeschosse, zu denen kleine Treppen führten. Aufgrund seiner unzureichenden Gründung und durchfeuchteten Grundmauern musste das Hintze-Haus 1930 wegen Baufälligkeit abgebrochen werden. Bis 1933 wurde es zu rund zwei Dritteln mit zum Teil alten Werkstücken neu errichtet. Heute sind in dem Gebäude Büro- und Wohneinheiten untergebracht.

# 6 | Goebenhaus

**August Karl von Goeben**
1816–1880, General. Goeben wurde als Sohn eines Majors, der in Stade das Zeughaus verwaltete, in der Schwingestadt geboren und besuchte hier die Schule Athenaeum. 1836 schloss sich Goeben im sogenannten Karlistenkrieg dem Heer des spanischen Thronprätendenten Don Carlos an und stieg zum Oberstleutnant auf. Seit 1842 in preußischen Diensten, nahm er an zahlreichen Kriegen teil, zuletzt als kommandierender General im Deutsch-Französischen Krieg 1870/71, wofür ihm das Eiserne Kreuz verliehen wurde. Kaiser Wilhelm I. nannte Goeben »einen der genialsten Offiziere, die Preußen je gehabt hat«.

»Goebencafé« Di–So 9–18 Uhr

Das Goebenhaus steht hinter der Straßenfront zurück und bot somit einst die Gelegenheit, davor einen kleinen Kräutergarten zu bewirtschaften. Im 18. Jahrhundert erbaut, setzt sich dieses Doppelhaus aus zwei Fachwerkgiebelhäusern zusammen. Seinen Namen erhielt das Haus von August von Goeben, der hier 1816 das Licht der Welt erblickte. Sechs Jahre später erwarb Gottlieb Wilhelm Freudentheil das Anwesen. Mitte der 1980er Jahre legte man im Innern wertvolle Deckenmalereien aus der Zeit des Barocks frei. Der rechte Gebäudeteil beherbergt ein Café, das für sein üppiges Frühstück und seine wohlschmeckenden Kuchen und Torten bekannt ist.

# 7 | Kunsthaus Stade

Di/Do/Fr 10–17 Uhr, Mi 10–19 Uhr, Sa/So 10–18 Uhr

Das schmucke Fachwerkensemble am Wasser West wird von dem eindrucksvollen Gebäude Nr. 7 überragt. In exponierter Lage 1667 am Hansehafen errichtet, weisen noch verschiedene Relikte auf seine Vergangenheit als

hanseatisches Kaufmannshaus hin. Angelandete Waren wurden mit einem Flaschenzug in die oberen Speicher-Stockwerke befördert, der Kranbalken und die Speicherluken sind noch erhalten. Die repräsentativen Wohnräume befanden sich im ersten Obergeschoss. Früher erhob man vom Hausherrn Steuern nach der Bodenfläche des Hauses. Um kostengünstig weiteren Raum zu schaffen, kragen die oberen Geschosse häufig über die Bauflucht aus. Zum Ausgleich der Lasten dienen die zwischen den Ständern und den auskragenden Deckenbalken eingebauten Knaggen. Auch die geschweiften Fußstreben und das Ziegelmuster bringen Bewegung in die Fassade, deren geschnitztes Beiwerk den Reichtum des Hausbesitzers präsentieren sollte. Dieser war als Gastwirt und Fährschiffer durch die »Ausweichschifffahrt« vermögend geworden – weil Schweden in den zahlreichen Kriegen neutral blieb, wichen auswärtige Schiffe 1665–1674 nach Stade aus, um hier ungestört handeln zu können.

Mitte der 1980er Jahre umfassend saniert, nutzen die Museen Stade das Gebäude als Ausstellungshaus. Seit 2009 hat sich das Kunsthaus Stade mit seinen jährlich bis zu vier Sonderausstellungen als feste Größe in der norddeutschen Kunstlandschaft etabliert. Auf drei Etagen waren bereits Werke der Klassischen Moderne und der

**Gottlieb Wilhelm Freudentheil**

1792–1869, Rechtsanwalt. In Stade geboren, studierte er nach dem Abitur am Stader Athenaeum Jura in Göttingen. Anschließend kehrte Freudentheil in seine Heimatstadt zurück, wo er eine Anwaltskanzlei eröffnete und als »Bürgerworthalter« (Sprecher und Leiter des Rates) fungierte. Als Abgeordneter der Hannoverschen Ständeversammlung begründete er die Verfassung dieses Königreiches mit. 1848/49 saß er als Abgeordneter in der Frankfurter Nationalversammlung. 1864 wurde Freudentheil, der sich zeitlebens für das Ansehen seines Berufes einsetzte, zum ersten Ehrenbürger Stades ernannt.

11

Gegenwartskunst zu bestaunen, darunter von bekannten Künstlern wie Salvador Dalí und Pablo Picasso, Hannah Höch und Jacoba van Heemskerck, aber auch aktuelle Arbeiten der Gegenwartskünstler Jonathan Meese und Daniel Richter. Gezeigt wurden außerdem Werke von Künstlern der Worpsweder Künstlerkolonie. Gesellige Expertengespräche im benachbarten Goebencafé und regelmäßige Führungen ergänzen die Ausstellungen.

Die beiden benachbarten Giebelhäuser (Am Wasser West 3/5) stammen ebenfalls aus dem 17. Jahrhundert.

# 8 | Holzkran

Um zum Wahrzeichen des Stader Hafens zu gelangen, überquert man die Schwinge über die Hudebrücke. Die Tonnengewölbebrücke aus dem 16. Jahrhundert, auf der zwei Häuser stehen, wurde 2013/14 grundlegend erneuert. Dafür wurde der Hafen abermals trockengelegt. Kaum verwunderlich, dass die Archäologen wieder sprichwörtlich aus dem Vollen schöpfen konnten: Im Schlick lagerten jahrhundertealte Schiffsnägel, Münzen, Pilgerutensilien, Schreibgriffel, Schmuck, Spielzeug und eine sandsteinerne, in zwei Hälften zerbrochene Sonnenuhr. Die neue Brücke wurde aus einer Stahlbeton-Konstruktion errichtet, die anschließend mit den historischen Originalsteinen verkleidet wurde.

Für das Hafengeschehen unerlässlich waren Vorrichtungen zum Entladen der Schiffe. Ursprünglich befanden sich auf der Uferkante am Wasser West zwei Wippbalken, um die Lasten zu heben bzw. zu senken. Diese, wie auch die seit dem frühen 14. Jahrhundert urkundlich belegten ersten hölzernen Kräne, fielen jedoch dem Stadtbrand zum Opfer. 1661 errichtete man einen neuen Kran, in dessen Innerem sich zwei riesige, durch Menschenkraft angetriebene Treträder befanden; nur der obere Teil mit dem Kranarm drehte sich. 1898 wurde der Hafenkran abgebrochen. Der heutige Holzkran ist, allerdings ohne Mechanik, 1977 in Anlehnung an den in Lüneburg erhalten gebliebenen Kran rekonstruiert worden. Der Verein Alter Hafen e.V. informiert im Inneren mit einer Ausstellung über die Geschichte des Stader Hafens.

**Merchant Adventurers**
Während Stade im 14. und 15. Jahrhundert eine blühende Hansestadt war, sank ihre Bedeutung im 16. Jahrhundert aufgrund der Verlegung der Elbe, der Versandung der Schwinge und der Konkurrenz Hamburgs. Immer mehr Schiffe segelten an der Stadt vorbei. Um den Handel wieder zu beleben, schloss Stade 1587 einen Vertrag mit den Merchant Adventurers (»kaufmännische Abenteurer«), einer englischen Handelskompagnie, die vor allem mit Tuchen handelte. Die Niederlassung der Vereinigung führte zwar zu einem kurzen Aufschwung der Wirtschaft, aber gleichzeitig geriet Stade in Widerspruch zur Hanse, aus der die Stadt 1601 ausgeschlossen wurde. Bald darauf, 1611, zogen die Merchant Adventurers nach Hamburg.

Fischmarkt 2

Der Kran steht am Fischmarkt, der 1317 erstmals als »forum« erwähnt wurde. Seit 1441 als Fischmarkt bezeichnet, wurden an diesem zentralen Ort vor allem Lebensmittel wie Butter, Käse, Eier, Gemüse und natürlich Fisch umgeschlagen. Am Fischmarkt 2, an der Ecke zur Burgstraße, eröffnete um 1713 ein »Kaffeeschenker« aus Altona das erste Geschäft für dieses neue, zunächst nur wohlhabenden Bürgern zugängliche Getränk. Sehenswert ist auch das Eckhaus am Eingang der Salzstraße mit seinem hervorspringenden Fachwerk-Obergeschoss.

## 9 | Stadtwaage

Die Stadtwaage wurde im 14. Jahrhundert vom Pferdemarkt hierher an den Fischmarkt verlegt. Alle im Hafen angekommenen und vom Kran gelöschten Güter mussten hier erst gewogen und verzollt werden, bevor sie ihrem Empfänger ausgehändigt werden durften. Im Obergeschoss des 1753 errichteten Fachwerkgebäudes befand sich ursprünglich ein großer Festsaal, in dem sich die Stader Bürgerschaft traf. Ab 1854 fungierte das Haus fünfzig Jahre lang als Königliches, später Kaiserliches Hauptzollamt. Mitte der 1970er Jahre stand auch die

Stadtwaage auf der Abrissliste. 1978 wurde sie jedoch saniert. Heute beherbergt sie im Ober- und Dachgeschoss Wohnungen sowie im Erdgeschoss eine renommierte Weinhandlung des 1692 in Bremen gegründeten Unternehmens Ludwig von Kapff. Übrigens zählte Bremen zu den bedeutenden Weinstädten Europas, da die Lagerung in den nordischen Weinkellern dem französischen Bordeaux-Wein eine ganz besondere Note verlieh.

Senatorenhaus

# 10 | Senatorenhaus

Den Fischmarkt wieder über die Hudebrücke verlassend, setzt sich der Stadtrundgang am Kramerhus an der Ecke Kehdinger Straße/Bungenstraße fort. Das Fachwerkgebäude mit seinen mehrfach vorkragenden Geschossen stammt aus dem 17. Jahrhundert; im Inneren entdeckte man bei der Sanierung Mitte der 1980er Jahre Deckenmalereien und eine Stuckdecke aus der Erbauungszeit.

Auf der rechten Seite der Bungenstraße sticht besonders ein Haus aus der überwiegend mit Fachwerkgebäuden bestandenen Straße heraus – das Senatorenhaus mit seiner klassizistischen Putzfassade. Im 17. Jahrhundert im Besitz vermögender Brauerfamilien, wurde es während der dänischen Belagerung 1712 in Mitleidenschaft gezogen. 1851 kaufte es der Korn- und Holzhändler Jürgen Hinrich Hagenah und betrieb hier eine Holzhandlung. Sein Neffe, der Senator Hermann August Borcholte, erwarb das heute nach seinem Posten benannte Haus 1893 und setzte vor das Fachwerkgebäude eine prächtige übergiebelte Putzfront. Fortan befand sich hier das Stammhaus der am Salztor errichteten modernen Dampfsägerei und Holzhandlung.

# 11 | Knechthausen

Als Gildehaus der Stader Brauereiknechte tauchte das Knechthausen (Bungenstraße 22) erstmals 1491 in der Überlieferung auf. Zwei Jahrhunderte später erwarb die Brauergilde das »kleine Knechtshaus« (Nr. 20) und ließ beide Gebäude im Inneren verbinden. Die beiden giebelständigen Fachwerkhäuser stammen vermutlich aus

**Mittelalterliche Stadtteile**

Aus den zwei voneinander getrennten Siedlungsbereichen, die im 12. Jahrhundert umwallt und zusammengefasst wurden, entwickelte sich schon bald eine typische mittelalterliche Stadt, deren Stadtteile bestimmte Funktionen ausprägten und eigene Kirchen besaßen. Im Norden lag das Burgviertel der Stader Grafen rund um die Kirche St. Pankratii. In Hafennähe befand sich das Fischerviertel mit der Nicolaikirche. Das Kaufmannsviertel mit Ss. Cosmae und Damiani zog sich entlang der Hökerstraße. Im Westen prägte St. Georg das Klosterviertel am heutigen Pferdemarkt, während St. Wilhadi und das Bischofsviertel im Osten lagen. Hinzu kamen das Johannis- und das Marienkloster sowie die Heilig-Geist-Kapelle des gleichnamigen Hospitals am Sande.

Liebe Leserinnen und Leser,

vielen Dank, dass Sie sich für einen Lehmstedt Reiseführer entschieden haben. Wir freuen uns, Ihre Meinung zu erfahren. Bitte schreiben Sie uns, wenn Sie Anregungen, Empfehlungen oder Berichtigungen haben. Gut verwertbare Informationen belohnen wir mit einem kostenfreien Lehmstedt Stadtführer Ihrer Wahl! Vielen Dank!

Ich habe diese Karte folgendem Reiseführer entnommen:

_____

❑ Bitte senden Sie mir regelmäßig kostenfrei und unverbindlich die Kataloge Ihrer Neuerscheinungen zu.

Ich möchte gern folgende Bücher aus Ihrem Verlagsprogramm bestellen und bitte um Lieferung gegen Rechnung an die umseitig genannte Adresse.

| Anzahl | Autor, Titel |
|--------|--------------|
|        |              |
|        |              |
|        |              |
|        |              |
|        |              |

Ab einem Bestellwert von 20 € ist die Lieferung innerhalb Deutschlands versandkostenfrei.

info@lehmstedt.de

Unsere Datenschutzerklärung finden Sie unter www.lehmstedt.de.

An den
Lehmstedt Verlag
Hainstraße 1
D–04109 Leipzig

Vorname und Name

Straße und Hausnummer

PLZ und Ort

E-Mail-Adresse

Datum und Unterschrift

der Zeit um 1600, worauf auch die moderne Inschrift im Oberlicht über der Haustür verweist. Während am linken Gebäudeteil nur der Giebel über den Hausgrundriss ragt, kragt das rechte Haus dreifach hervor. Die Konsolen, auf denen die vorkragenden Balken ruhen, sind reich verziert. Ein weiteres Schmuckelement sind die bemalten Halbsonnen an den Fußstreben der Geschosse.

Seit dem 15. Jahrhundert brauten Stader Kaufleute Bier in ihren Gehöften. Gleichzeitig schlossen sich ihre Brauknechte zu einer Gilde zusammen. Da man im Mittelalter glaubte, dass regelmäßiger Bierkonsum immun gegen Krankheiten mache, oblag es ihnen, sich um die Schwerkranken und Todgeweihten zu kümmern. Besonders Lepra war im Mittelalter eine weit verbreitete Krankheit; Aussätzige waren gefürchtet, wurden gemieden und lebten abgeschottet vor den Toren der Stadt. In Stade kümmerte sich im vor dem Schiffertor gelegenen Spital St. Gertrud (heute Bremervörder Straße/Hohenwedeler Straße) die erstmals 1440 erwähnte Gertrudenbrüderschaft der Brauerknechte um sie. Ihr Name geht zurück auf die im 7. Jahrhundert lebende Gertrud von Nivelles, die als Schutzheilige der Kranken und Armen, der Reisenden und Pilger verehrt wurde.

Die Bungenstraße geht auf das Wort »Bunge« als alter Begriff für Trommel zurück. Einmal pro Jahr kamen hier unter lautem Getrommel die Leprakranken entlang, um sich begutachten zu lassen, ob sie geheilt waren und wieder in die städtische Gemeinschaft aufgenommen werden konnten. Die Brauerknechte versammelten sich in der »Rosenort« genannten großen Diele in einem rückwärtigen Anbau ihres Gildehauses, die der Leprosenschau diente. Vermutlich aus dieser Aufgabe entwickelte sich für die Brauerknechte im Laufe der Zeit das Privileg des Totentragens. Als offizielles Gründungsjahr gilt 1604, da aus diesem Jahr der älteste überlieferte Zinnbecher stammt, den ein neu aufgenommenes Gildemitglied anlässlich seiner Taufe gestiftet hatte; Zinn steigerte der Legende nach die immunisierende Wirkung des Eierbiers. Und selbst wenn es heute in Stade keine »echten« Brauknechte mehr gibt – die Gilde stellt bis in unsere Tage ehrenamtliche Totenträger. Zu ihrer traditionellen Tracht gehören ein schwarzes Gewand mit weißem Beffchen, Dreispitz und Schnallenschuh.

Das Privileg des **Totentragens** ist mit der Sage des Peter Männken verbunden. Um 1600 gab es mehrere Pestwellen in Stade, die so schlimm wüteten, dass aus Angst vor Ansteckung niemand mehr die Kranken und Todgeweihten anfassen und begraben wollte. Da bat die reiche Brauerstochter Gertrud den armen Brauerknecht Peter, in den sie verliebt war, um Hilfe. Gemeinsam mit seinen Zunftbrüdern vergrub der mutige Peter die Toten in den Pestkuhlen vor der Stadt. Der Legende nach erlosch die Seuche. Zur Belohnung erlaubte der Brauer dem Knecht Peter, Gertrud zu seiner Frau zu nehmen. Die Gilde erhielt als Dank das Bestattungsrecht und durfte Fastnacht feiern. Tatsächlich wütete der »Schwarze Tod« noch mehrfach in Stade, zuletzt während der dänischen Belagerung 1712, als er mehr als 1500 Einwohner dahinraffte. Übrigens lässt sich das süffige **Eierbier** ganz einfach »brauen«: Man bringt fünf Liter Bockbier mit Zitronenschale und Zimt zum Kochen, schlägt unterdessen zehn Eier mit 300 Gramm Zucker zu einer schaumigen Masse auf und rührt anschließend den Eischaum tropfenweise in das Bier ein... Prost!

Links: Bungenstraße 20/22

Blick von der Büttelsbrücke

## 12 | »Klein Venedig«

Läuft man die Bungenstraße nur wenige Meter in Richtung Hafen zurück, zweigt rechter Hand die Rosenstraße ab. Auch sie hat ihren Namen vermutlich von den Leprosen. Die Schwingeüberquerung wird Büttelsbrücke genannt, denn sie liegt neben dem ehemaligen Haus des Büttels, des städtischen Polizeigehilfen. Dieser tauchte Rechtsbrecher zur Strafe auch schon mal kopfüber vom Haus im Fluss unter. Außerdem diente die Schwinge zum Antrieb von Mühlen, als Viehtränke, zum Wäschewaschen sowie dem Brau- und Gerbergewerbe. Von der Brücke aus öffnet sich der Blick auf das idyllische »Klein Venedig« von Stade: In nördlicher Richtung fließt die Schwinge unter den Häusern durch – das ist die überbaute Hudebrücke »von hinten«.

Die Lämmertwiete erlaubt eine Vorstellung vom Aussehen des mittelalterlichen Stade. Abseits der Hauptstraßen und wichtigen Märkte gelegen, umgeben von Lärm, Gestank und Unrat, standen hier inmitten von Ställen, Schuppen und Scheunen die dunklen und häufig feuchten Buden der armen Bevölkerung. In Stade haben sich mehrere solcher Twieten erhalten, in der Regel nicht befahrbare Gassen, die zwei (»twie«) Straßen miteinander verbinden.

## 13 | Traufenhaus

Bäckerstraße 21

Am Ausgang der Lämmertwiete erreicht man die Bäckerstraße, in der sich zahlreiche sehenswerte Fachwerkhäuser erhalten haben, darunter einige, die vom Stadtbrand 1659 verschont blieben. Auch ein Blick auf die vielen schönen Holztüren lohnt sich. Hervorzuheben ist das 1537 errichtete Gebäude Bäckerstraße 21 mit seinen Figurenknaggen, die vermutlich König David (Harfe), den Hl. Martin (Mantel) und den Hl. Petrus (Schlüssel) zeigen.

Das Highlight der Bäckerstraße ist das sogenannte Traufenhaus (Nr. 1–3), dessen Traufe, und nicht wie sonst üblich der Giebel des Hauses, zur Straße zeigt. Die Schnitzerei über dem Eingang zeigt das Jahr der Erbauung an: 1590. Da Stade genau in dieser Zeit eine Blütezeit im Tuchhandel erlebte, verwundert es kaum, dass ein Gewandschneider erster Besitzer des prächtigen Hauses war; die Gewandschneider-Gilde gehörte damals zu den einflussreichsten der Stadt. Im 19. Jahrhundert erfolgte die Aufteilung des Hauses, das einst auch das Eckgebäude Hökerstraße 33 umfasste, in ein Doppelhaus. Blickfang des Traufenhauses sind die 26 variierenden, farbig bemalten Halbsonnen oberhalb der geschnitzten Konsolen, die als Fußstreben dienen.

## 14 | Hökerstraße

**Brüderschaften einst**

In der religiösen Welt des Mittelalters sicherten Frömmigkeit und Wohltätigkeit das Seelenheil, steigerten aber auch das Ansehen in der Gesellschaft. Zum gemeinsamen Gebet und für die Armenfürsorge wurden Brüderschaften gegründet. Da die meisten im Zuge der Reformation aufgelöst wurden, sind die drei vorreformatorischen, kontinuierlich bestehenden Stader Vereinigungen eine Besonderheit in Deutschland: die St. Pankratii-Brüderschaft (1414), die St. Antonii-Brüderschaft (1439), die Rosenkranz-Gottes-Hülfe-Brüderschaft (1482); erst nach der Reformation wurde die Kaufleute- und Schiffer-Brüderschaft (1556) gegründet.

Die Bäckerstraße mündet in die Hökerstraße, die jahrhundertealte Lebensader der Stadt, an der entlang sich vermutlich im 9. und 10. Jahrhundert die ersten Kaufleute ansiedelten. Seit dem 14. Jahrhundert lagen in der »Hokerstrate« die Häuser der Höker und Krämer. Der Begriff Höker bezeichnete meist auf ein Produkt spezialisierte Kleinhändler oder Hausierer, die ihre Waren auf dem Rücken, also »hucke«, trugen. »Verhökern« als Verkauf von Ramsch oder »unter der Hand« ist noch heute gebräuchlich. Der mittelalterliche Krämer hingegen war ein Kaufmann mit breiterer Produktpalette und einem festen Kramladen – Kram bedeutete ursprünglich Zeltdach.

Die Hökerstraße galt immer als eine der besten Adressen der Stadt, hier wohnten Ratsherren, Bürgermeister und einflussreiche Kaufleute. Bis heute ist die Hökerstraße, die 1973 als erste in eine Fußgängerzone umgewandelt wurde, die Einkaufsmeile der Stadt. Beim Flanieren kann man sehenswerte Details wie Inschriften oder Hauszeichen entdecken.

Bevor man der Hökerstraße in südlicher Richtung folgt, sei zunächst auf die Löwenapotheke in der Hökerstraße 37 verwiesen. Das offizielle Privileg zum Betrieb dieser zweiten Apotheke in Stade erhielt der Apotheker Gabriel Luther 1655 vom schwedischen König. Ihre Einrichtung aus massivem Mahagoni-Holz aus der Mitte des 19. Jahrhunderts ist bis heute erhalten. Gegenüber entstanden in der Hökerstraße 38/40 in den Jahren 2015/16 zwei Neubauten, die sich durch ihre Parzellengröße, die eingehaltene Bauflucht und die verwendeten Backsteine fast unauffällig in den Straßenzug einfügen. Doch zuvor gab es hitzige Diskussionen, denn an ihrer statt wurden zwei historische Gebäude abgerissen, darunter ein denkmalgeschütztes, dessen Denkmalstatus zuvor erst noch aberkannt werden musste.

# 15 | Hökerhus

»**Altstadtcafé**« tägl. 9–17.30 Uhr

Die rechte Seite der Hökerstraße blieb vom großen Stadtbrand 1659 verschont – und mit ihr das Hökerhus (Nr. 29). Während der Kern des Hauses mittelalterlichen Ursprungs ist, war ihm nur wenige Jahre vor der Feuersbrunst die schmuckvolle Fachwerkfassade vorgesetzt worden. Eine Kartusche über dem Eingang nennt das Jahr 1650, was sich mit dem Fälldatum der verwendeten Holzbalken deckt.

Auch der Giebel des Hökerhuses kragt vierfach über reich profilierten Konsolen vor, und geschweifte Fußhölzer sowie verschiedene Backsteinmuster zieren die Fassade. Unverwechselbar jedoch ist das Hökerhus durch seine beiden zweigeschossigen Utluchten, aus denen man »Auslugen«, also hinausschauen konnte. Die aus der Gebäudefront heraustretenden Bauteile, die im Gegensatz zu Erkern ebenerdig aufgesetzt sind, sorgten u. a. für eine bessere Beleuchtung des Innenraumes.

Im Inneren des Hökerhuses sollte man unbedingt die typische zweigeschossige Kaufmannsdiele besichtigen. Die bis heute genutzten Lager- und Kontorräume lassen den einstigen Geschäftsbetrieb lebendig werden. Die Beletage, also das erste Obergeschoss, erfüllte repräsentative Zwecke. Bei der Sanierung 1981 wurde auch das spitzbogige gotische Blendmauerwerk freigelegt. Heute beherbergt das Hökerhus Läden und das beliebte Altstadtcafé.

Typische Kaufmannsdiele im Hökerhus

Bei dem gegenüberliegenden Haus Nr. 26 handelt es sich um das einzige barocke Wohngebäude Stades. Zehn Jahre nach dem Stadtbrand erbaut, ist die Fassade des Traufenhauses durch Pilaster, Fruchtornamentik und einen geflügelten Engelskopf geschmückt.

## 16 | Hahnentor

Schaut man rechter Hand in die Neue Straße hinein oder besser gesagt: hinab, bemerkt man das starke Gefälle der östlichen Altstadt. An der Kreuzung mit der Steilen Straße erblickt man das sogenannte Hahnentor, einen alten Durchgang zum Mühlenhof. Die dortige Wassermühle gehörte zum Besitz des Klosters St. Georg. Im 17. Jahrhundert tauchte der Name »Hanenthor« auf, da die Wohnung über dem Tor als »Hahnensitz« bezeichnet wurde.

Zurück in der Hökerstraße, befindet sich rechter Hand mit der 1399 gegründeten Rats- und Einhorn-Apotheke (Nr. 17) die älteste Offizin der Stadt. Weil man im Mittelalter die Stoßzähne des Narwals für das Horn des Einhorns hielt, dem wiederum magische Fähigkeiten und Heilkräfte zugeschrieben wurden, trugen viele Apotheken diesen verheißungsvollen Namen.

# 17 | Rathaus

»**Ratskeller**« täglich ab 12 Uhr

Stade erlebte seine erste Blüte im 13. Jahrhundert. Es erhielt Stadtrecht, wurde planmäßig erweitert und mit Privilegien ausgestattet. Folgerichtig datieren auch die erste urkundliche Erwähnung von Ratsherren (1225) und eines Rathauses aus dieser Zeit – in den »Stader Statuten« taucht es 1279 als »dhat hus vor dhen rat« auf. Es befand sich genau hier, nur war es kleiner und seine Front zeigte nicht zur Hökerstraße, sondern zur benachbarten Kirche. Dieses Gebäude fiel 1659 den Flammen zum Opfer. Während die meisten Wohnhäuser zügig wieder aufgebaut wurden, begann man aus Geldmangel erst 1667 damit, auf den alten Grundmauern und zum Teil mit den alten Backsteinen ein neues Rathaus zu errichten. Die zu Ziffern und Buchstaben geformten Maueranker an der Hauptfassade bezeugen den Baubeginn.

Dass Stade zu dieser Zeit unter schwedischer Verwaltung stand, lässt sich an dem prächtigen Sandsteinportal ablesen. Es wird bekrönt von zwei Löwen, die in ihren Pranken das schwedische Königswappen mit der Krone halten. Während des Baus war der schwedische König

Das Stader **Stadtwappen**
zierte ursprünglich nur
ein aufrecht stehender
Schlüssel. Als Attribut des
Apostels Petrus ist er u. a.
im päpstlichen Wappen
enthalten und zeigt an,
das Stade zum Erzbistum
Bremen gehörte. Seit etwa
1600 wird das Wappen
von zwei Greifen gehalten.
Diese Stärke symbolisie-
renden mythologischen
Mischwesen sind mit
löwenartigem Leib, dem
Kopf eines Raubvogels,
aufgeschlagener Zunge
und Flügeln darge-
stellt. Als Ausdruck von
Selbstbewusstsein wurde
dem Wappen später noch
das Spruchband mit den
Buchstaben »S.P.Q.ST.«
hinzugefügt. In Anleh-
nung an das im antiken
Rom genutzte Kürzel
bedeutet es »Der Rat und
die Bürger von Stade«
(siehe S. 48).

Karl XI. zugleich Herrscher des Herzogtums Bremen-
Verden, das 1648 durch die Säkularisierung des Erzstif-
tes Bremen und des Hochstiftes Verden entstanden und
an Schweden gefallen war. Darunter befindet sich das
Stader Stadtwappen. Beiderseits der Wappen blicken Al-
legorien der Kardinaltugenden auf die Eintretenden hinab: Prudentia (Klugheit) mit dem Spiegel der Erkennt-
nis und kleinen Schlangen in der Hand sowie Justitia
(Gerechtigkeit) mit den Attributen Waage und Schwert.
Im Gegensatz zu vielen anderen Skulpturen trägt sie keine Augenbinde, sondern fällt ihr Urteil wachen Auges.
Die lateinische Inschrift unter ihnen bedeutet übersetzt:
»Gerechtigkeit und Frömmigkeit, Friede und Eintracht
mögen blühen.« Die bekrönende Figur stellt, äußerst
bewegt, den Götterboten Merkur dar, den Schutzpatron
der Händler. Ansonsten ist der von der holländischen
Renaissance beeinflusste Bau sparsam verziert. Die Ge-
simse, Gebäudeecken und Entlastungsbögen der Fenster
im Erdgeschoss sind in Sandstein ausgeführt. Im Inneren hat sich in der Erdgeschosshalle eine repräsentative
zweiläufige Holztreppe aus der Entstehungszeit erhalten. Darunter zeigt ein Stadtmodell anschaulich den historischen Grundriss der Schwingestadt.

Wie in vielen mittelalterlichen Städten üblich, diente
das Rathaus nicht nur den Versammlungen des Rates
und der »Bursprake« – der Bürgersprache, also dem öf-
fentlichen Verlesen des geltenden Rechts vor den oft-
mals nicht des Lesens kundigen Einwohnern –, sondern
beherbergte auch die Kaufhalle der Tuchhändler sowie
das Gericht mit Folterkammer. Bis heute tagt der Stader
Rat im historischen Rathaus, das 1985/88 an der südöst-
lichen Ecke mehrere Anbauten erhielt.

An der nordwestlichen Ecke des Gebäudes führt eine
Treppe in den Ratskeller, in dem mehrere Gewölbe aus
dem 13. Jahrhundert die Zeitläufte überdauerten. 1305
erstmals urkundlich als Weinkeller und Schänke erwähnt,
gehört er zu den ältesten deutschen Ratskellern. Rund ein
halbes Jahrtausend später wurde der »Kegelklub Raths-
weinkeller von 1822 zu Stade« als ältester seiner Art in
Deutschland gegründet. Seit einigen Jahren wird in Stade
auch wieder Bier gebraut. Die Gasthausbrauerei im Ratskeller stellt verschiedene Sorten des nach der Schutzheiligen der Brauer benannten »Gertrudenbräus« her.

# 18 | Ss. Cosmae et Damiani

**Besichtigung** Apr.–Okt. 11–17 Uhr,
**Turmaufstieg** an den Wochenenden und nach
Vereinbarung, www.cosmae.de

Gegenüber dem Nordflügel des Rathauses erhebt sich
eine der beiden heutigen Hauptkirchen von Stade, deren
Ursprung wohl so alt wie die Stadt selbst ist. Die Stader
nennen sie meist nur Cosmaekirche oder St. Cosmae.
Als sich im 8. Jahrhundert die kleine Hafenmarktsiedlung entlang der Hökerstraße entwickelte, lag hier eine
kleine, von einem Friedhof umgebene Kapelle. Seit 1063
dem Bremer Erzbischof unterstellt, wird sie in der Stif-
tungsurkunde des Klosters St. Georg um 1132 erstmals
urkundlich als »capella sanctorum Cosmae et Damiani«
erwähnt. Vermutlich in der zweiten Hälfte des 13. Jahrhunderts entstand der heutige Backsteinbau im Stil der
Frühgotik. Zwischen dem Langhaus im Westen und dem
gen Osten gerichteten Chor befindet sich das Querhaus
mit der Turmvierung. Während die Vierung von Beginn
an von einem Kreuzrippengewölbe überspannt wurde,
waren die Kreuzarme ursprünglich von einer flachen
Holzdecke überdacht. Im 15. Jahrhundert erweiterte man
den Chorraum um zwei seitliche Anbauten – sie sind von
außen wie von innen gut zu erkennen.

Während der Stader Schwedenzeit war das im Dreißigjährigen Krieg geschundene Gotteshaus mehrfach
ausgebessert worden, doch bald darauf fiel auch diese
Kirche 1659 den Flammen zum Opfer. Die gesamte Ausstattung ging dabei verloren. Schlimmer noch: In der An-
nahme, dass wenigstens die Kirche dem Flammenmeer
widerstehen würde, hatten einige Anwohner ihr ganzes
Hab und Gut in die Kirche gebracht. Noch im gleichen
Jahr nahmen die Stader unter Ratszimmermeister Andreas Henne den Wiederaufbau in Angriff.

Aus der zweiten Hälfte des 17. Jahrhunderts datiert die
barocke Inneneinrichtung. Zunächst wurden die Empo-
ren in Chor und Vierung sowie die Orgelempore einge-
zogen. Der Korb der Kanzel (1663) ist mit vollplastischen
Figuren geschmückt. Auf ihrem Schalldeckel halten
Engel die Leidenswerkzeuge der Kreuzigung (lat.: Arma
Christi), bekrönt von dem Auferstandenen. Während das

**Cosmas und Damian**
Die im 3. Jahrhundert in
Syrien geborenen Zwillin-
ge wirkten der Legende
nach als Ärzte, die Gott zur
Ehre Kranke unentgeltlich
behandelten. Aufgrund
ihrer christlichen Missi-
onsarbeit vom römischen
Statthalter verfolgt, über-
lebten sie drei Tötungsver-
suche, bis sie im Jahre 303
hingerichtet wurden. Ihre
Gräber entwickelten sich
zu Wallfahrtsorten. Im
10. Jahrhundert brachte
ein Bremer Erzbischof Re-
liquien der Märtyrer, deren
Verehrung auch die bei-
den Kaiser Karl der Große
und Otto I. unterstützten,
aus Rom mit. Im Mittelal-
ter wurden die Brüder zu
Schutzheiligen der Ärzte
und Apotheker, in der
christlichen Ikonographie
werden sie mit medizini-
schen Instrumenten und
Arzneimittelbehältern
dargestellt.

Taufbecken (1665) aus rot-weißem Marmor ist, wurde für den Fuß schwarzer Marmor verwendet. Ihn zieren die fein aus Alabaster gearbeiteten Figuren der Evangelisten Matthäus, Markus und Johannes sowie vier geflügelte Puttenköpfe. Die hölzerne Figur des Hl. Andreas ersetzt vermutlich die verlorengegangene Lukas-Figur.

1674/77 schuf der Hamburger Bildhauer Christian Precht den hölzernen Hauptaltar – die verblüffende Marmoroptik erhielt er durch seine farbige Bemalung. »Lesen« muss man den Altar von unten nach oben: Über dem Altartisch ist in der Predella (Sockelgeschoss) das Abendmahl dargestellt. Das imposante Kreuzigungsrelief darüber wird von den vier Evangelisten flankiert. In der Mitte des Giebels prangt eine Kartusche mit Inschrift. Nun folgen Moses mit der Gebote-Tafel und Johannes der Täufer mit einem Lamm, zwischen ihnen zwei Engel mit den Arma Christi. Über dem quadratischen Hochrelief mit der Grablegung thront der auferstandene Christus mit Siegesfahne und Strahlenkranz, die Palmenzweige der Engel versinnbildlichen das ewige Leben.

Gegenüber dem Altar prangt an der Westwand der Kirche die einzigartige Barockorgel, die weit über die Grenzen Stades hinaus bekannt ist. 1668 von Berendt Huß begonnen, entstand sie unter wesentlicher Mitwirkung seines Vetters und Gesellen Arp Schnitger bis 1675. Der Prospekt ist ein Meisterwerk barocker Schnitzkunst, geschmückt von Ranken, Blüten und Knorpeln sowie vollplastischen Figuren: auf dem Oberwerk stehen die christlichen Tugenden Glaube, Liebe und Hoffnung, auf dem Rückpositiv König David mit zwei trompetenden Engeln. Als Huß kurz nach Fertigstellung der Orgel starb, übernahm Schnitger dessen Werkstatt und erwarb sich von Stade aus seinen legendären Ruf als Orgelbauer. Einer der bekanntesten Organisten der Kirche war Vincent Lübeck. Im Laufe der Jahrhunderte mehrfach überarbeitet, erklingt das Instrument nach originalgetreuer Rekonstruktion heute wieder in seinem historischen Klangbild.

Rechts unterhalb der Orgel befindet sich die Ratsprieche (1663), verziert mit dem Stader Stadtschlüssel und der schwedischen Krone. In Norddeutschland weit verbreitet, bezeichnen Priechen die vom Kirchgestühl abgetrennten Sitzplätze für höhere Stände. Unter den beiden Kronleuchtern hindurch, vorbei an prächtigen Wand-

## Arp Schnitger

1648–1719, Orgelbauer. Der Sohn eines Tischlers, bei dem er zunächst auch lernte, ging ab 1673 bei seinem Verwandten Berendt Huß in die Orgelbauer-Lehre, die er mit der Stader Cosmae-Orgel krönte. Nach Huß' Tod übernahm er bis 1682 dessen Stader Werkstatt und zog dann nach Hamburg. Durch seine Geschäftstüchtigkeit konnte Schnitger mit zahlreichen Gesellen mehrere Werkstätten unterhalten, aus denen mehr als 100 neue Orgeln sowie Dutzende Umbauten und Reparaturen hervorgingen. Sein Wirkungskreis lag im Elbe-Weser-Gebiet. Um die Wende zum 18. Jahrhundert besaß er u. a. in den Herzogtümern Bremen und Verden sowie Schleswig und Holstein Orgelbauprivilegien, die einer Monopolstellung gleichkamen. Schnitgers international geschätzte Instrumente, von hoher handwerklicher und künstlerischer Güte, eigneten sich hervorragend für die norddeutsche Orgelschule, zu der u. a. die Barock-Komponisten Vincent Lübeck und Dietrich Buxtehude zählen.

**Vincent Lübeck**
1654–1740, Komponist und
Organist. Lübeck, dessen
Vater ebenfalls Organist
war, lernte das Orgelspiel
in Flensburg und wurde
bereits als 20-Jähriger Organist der Cosmaekirche,
wo er auf der Orgel seines
Freundes Arp Schnitger
spielte. Von 1702 bis zu
seinem Tod wirkte Lübeck
in der Hamburger Nikolai-
kirche – ebenfalls an einer
Schnitger-Orgel –, wo u. a.
Johann Sebastian Bach
seinem Spiel lauschte. Der
hoch angesehene Lübeck
gab auch Unterricht und
komponierte Werke
für Orgel und Cembalo,
allerdings ist von seinen
Kompositionen nur ein
kleiner Teil überliefert.
Den Namen des Barock-
musikers trägt heute ein
Stader Gymnasium.

epitaphen, lohnt der Gang in die rechts des Chorraumes
gelegene Gertrudenkapelle. Hier, hinter einem Gitter von
1673, ist der Gertrudenaltar zu bewundern. Um 1500 geschaffen, stand er einst in der Gertrudenkapelle und gelangte nach deren Zerstörung durch die Dänen 1712 in die
Nicolaikirche (1834 abgebrochen) und schließlich in die
Cosmaekirche. Als Besonderheit norddeutscher Kirchen
gelten Votivschiffe wie die 1960 modellierte Viermast-
bark »Hoffnung«. Sie wurden als Dank für oder als Bitte
um glückliche Heimkehr von der See gestiftet.

Unbedingt empfehlenswert ist ein Turmaufstieg! Bei
klarer Sicht reicht der Blick über das Alte Land hinweg bis
in den Hamburger Hafen. Die achteckigen Grundmauern des Turmes über der Vierung gehen bis ins 16. Jahrhundert zurück. Die stadtbildprägende Barockhaube
des 65 Meter hohen Turmes schuf Andreas Henne 1682.

Anschließend führt der Rundgang an der Rathausfront
in der Hökerstraße vorbei. An dem vorbildlich sanierten
Fachwerkhaus Sattelmacherstraße 7, in dem die Fleische-
rei Bömmelburg in vierter Generation ihrem Handwerk
nachgeht, versteckt sich ein Detail zum Schmunzeln.
Weil aus Denkmalschutzgründen kein Zunftzeichen in
der Straße aufgehängt werden durfte, thront der Fleisch-
hauer samt Schwein eben auf dem Dachfirst.

## 19 | Pferdemarkt

Historisches Postgebäude
am Pferdemarkt

**Wochenmarkt** Mi/Sa 8–13.30 Uhr

Die Sattelmacherstraße mündet in den nordöstlichen
Teil des Pferdemarktes. Hier, wo von 1975 bis 2016 ein
riesiges Hertie- bzw. Karstadt-Kaufhaus stand, wurden
2018 das Einkaufszentrum »Neuer Pferdemarkt« sowie
ein Parkhaus eröffnet. Der Pferdemarkt ist der historische Marktplatz von Stade. Bis zu ihrer Verlegung auf den
Fischmarkt befand sich hier bis Anfang des 14. Jahrhunderts die Stadtwaage. Durch den Markt bedingt, siedelten
sich rund um den Platz Gasthöfe mit Stallungen an. Der
Name Pferdemarkt taucht erstmals 1539 in den Quellen
auf und deutet darauf hin, dass hier spätestens seit dieser Zeit und noch bis Anfang des 20. Jahrhunderts Pferde
und anderes Vieh verkauft wurden. Bis heute findet jeden
Mittwoch und Samstag unter dem Motto »Lütten Klön-
schnack und noch viel mehr« der Wochenmarkt statt,
natürlich mit viel frischem Obst aus dem Alten Land. Das
zentrale Gebäude am Pferdemarkt ist das Zeughaus. Auf
dem südlichen unbebauten Bereich steht der Märchenbrunnen »Vom Fischer und seiner Frau«. Am Eingang zur
Straße Goos erhebt sich das historische Postgebäude.

Märchenbrunnen

## 20 | Zeughaus

**Erzbischöfliche Gruft** Schlüssel verfügbar bei »Foto Schattke« (Am Pferdemarkt 14)

Das Zeughaus ist ein weiteres Relikt der schwedischen Epoche Stades. In dem 1697/99 erbauten Waffenarsenal lagerte militärisches Gerät. An der südlichen Schmalfront zum Platz liegt das sandsteinerne Hauptportal, dessen Giebeldreieck mit dem Monogramm des schwedischen Königs Karl XII., der Königskrone und mit Kriegsmaterial geschmückt ist. Bis 1919 für militärische Zwecke genutzt, veränderte man die dreischiffige Halle mehrfach für die Nutzung als Markthalle, Lager, Jugendherberge und bis Ende der 1980er Jahre als Lichtspieltheater. Heute beherbergt das Zeughaus Büro- und Praxisräume sowie Gastronomie- und Veranstaltungsräume.

Grabstelle von Gottfried von Arnsberg

Eine archäologische Sensation war 1993 die Entdeckung des Grabes von Gottfried von Arnsberg, der 1321–1349 Bischof von Osnabrück und von 1348 bis zu seiner Amtsniederlegung 1359 Erzbischof von Bremen war. Von Arnsberg verstarb 1363 in Stade und wurde in der Klosterkirche St. Georg beigesetzt. Die rekonstruierte Grabstelle ist im Keller des Zeughauses zu besichtigen.

Im Jahre 1132 hatten die Grafen von Stade das Prämonstratenserstift St. Georg gegründet. Bei den Grabungen unter dem Zeughaus bzw. dem benachbarten Sparkassengebäude fanden sich Fundamentreste einer Kirche aus dem 14. Jahrhundert. Die Doppelchoranlage war rund 70 Meter lang und 28 Meter breit und war mit Abstand der größte Sakralbau von Stade. Ein Kupferstich aus Franz Hogenbergs und Georg Brauns berühmtem Städtebuch »Civitates Orbis Terrarum« zeigt das Kloster 1598 noch als Ruine.

## 21 | Freilichtmuseum auf der Insel

**Gelände und Inselrestaurant** ganzjährig zugänglich,
**Altländer Haus** Mai–Sep.: Di–Fr 10–17 Uhr, Sa/So 10–18 Uhr

Den Pferdemarkt verlässt man über die Inselstraße, die direkt zur namensgebenden Museumsinsel führt. An der Kreuzung Wallstraße/Inselstraße liegt rechter Hand das ehemalige Provinzialmuseum Stade. Das neogotische Gebäude wurde 1903/04 errichtet.

1914 empfing das Freilichtmuseum als eines der frühesten seiner Art die ersten Besucher auf der »Insel«.

Das **Stift St. Georg** war für die Geschichte Stades von großer Bedeutung. Der Konvent besaß das Patronatsrecht über die Kirchen der Stadt. Wohl schon im 12. Jahrhundert war ihm eine Lateinschule angegliedert, von der aus sich Lesen und Schreiben in Stade ausbreiteten. Nach der Reformation führte der Rat die Schule als Gymnasium Athenaeum weiter, das bis heute existiert. Von den Mönchen des Stiftes ging auch die Reformation in Stade aus. Die Einführung der lutherischen Lehre verlief in Stade ohne große Konflikte, 1529 wurden St. Wilhadi und St. Cosmae evangelisch.

Altländer Haus

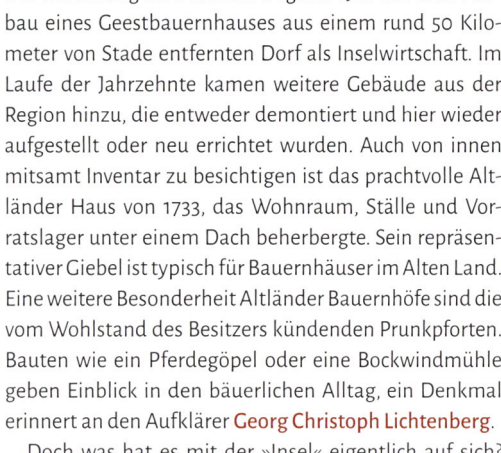

Inselrestaurant

Lichtenberg-Denkmal

Die Gestaltung als Museum begann 1912 mit dem Aufbau eines Geestbauernhauses aus einem rund 50 Kilometer von Stade entfernten Dorf als Inselwirtschaft. Im Laufe der Jahrzehnte kamen weitere Gebäude aus der Region hinzu, die entweder demontiert und hier wieder aufgestellt oder neu errichtet wurden. Auch von innen mitsamt Inventar zu besichtigen ist das prachtvolle Altländer Haus von 1733, das Wohnraum, Ställe und Vorratslager unter einem Dach beherbergte. Sein repräsentativer Giebel ist typisch für Bauernhäuser im Alten Land. Eine weitere Besonderheit Altländer Bauernhöfe sind die vom Wohlstand des Besitzers kündenden Prunkpforten. Bauten wie ein Pferdegöpel oder eine Bockwindmühle geben Einblick in den bäuerlichen Alltag, ein Denkmal erinnert an den Aufklärer Georg Christoph Lichtenberg.

Doch was hat es mit der »Insel« eigentlich auf sich? In den 67 Jahren ihrer Besatzung bauten die Schweden Stade, dass seit dem 12. Jahrhundert durch eine Befestigungsanlage geschützt war, zu einer bedeutenden Festung mit Wällen, neun Bastionen und Wassergräben aus – bei einem Blick auf den Stadtplan kann man diese Gestalt noch heute erahnen. Die Wälle waren unten 18 Meter und auf der Krone bis zu neun Meter stark und über fünf Meter hoch; der Wallgraben war bis zu 25 Meter breit und drei Meter tief. Außerdem gab es vier Ravelins, also im Wasser des Festungsgrabens liegende Außenwerke, von denen sich neben dem Adolf-Ravelin das Bleicher-Ravelin – die heutige Insel – erhalten hat. Vor der Schwedenzeit hatten die Stader die Wiesen vor den Stadtmauern zum Bleichen von Leinen genutzt.

Im 19. Jahrhundert militärisch bedeutungslos geworden, standen die Festungswerke der modernen Ausdehnung der Stadt im Wege. Daraufhin begann 1880 die Schleifung, und der Industrialisierung Stades stand nichts mehr im Wege. Noch im gleichen Jahr begann der Bau des Neuen Hafens (heute Stadthafen), und im Folgejahr erhielt Stade Anschluss an das Transportmittel der Stunde, die Eisenbahn, die zwischen Harburg und Cuxhaven verkehrte. Entlang der ehemaligen Befestigungsanlagen entstanden außerdem Grünanlagen und neuer Wohnraum, davor siedelten sich Unternehmen an. Die mit gründerzeitlichen Villen bebaute Neubourgstraße wurde bereits 1882 nach dem für den Ausbau Stades zur modernen Stadt verantwortlichen Bürgermeister Carl Ludwig Neubourg benannt. Das sich jenseits der Gleise erhebende Regierungsgebäude (1887/89) im Stil der Neorenaissance hinter sich lassend, überquert man den Burggraben über die Bahnhofstraße.

**Georg Christoph Lichtenberg**
1742–1799, Schriftsteller und Naturwissenschaftler. Seit 1770 Professor für Experimentalphysik in Göttingen, wurde Lichtenberg von der hannoverschen Regierung mit der Vermessung des Landes beauftragt. Im Zuge dessen kam er 1773 für mehrere Monate nach Stade. Er errichtete ein Feldobservatorium, um eine astronomisch-geographische Ortsbestimmung durchzuführen. Der europaweit geschätzte Gelehrte der Aufklärung gilt als einer der Begründer der modernen naturwissenschaftlichen Methodik. Berühmt sind seine aphoristischen Gedankensplitter zu verschiedensten Themen.

Prunkpforte

**Schloss Agathenburg**

1648 wurde Hans Christoph von Königsmarck zum Generalgouverneur des Herzogtums Bremen-Verden ernannt. In der Nähe des neuen Verwaltungssitzes Stade ließ er ab 1655 ein kleines Landschloss im Stil der Renaissance erbauen, das er nach seiner Frau benannte. Während der Schlossherr bald verstarb, verbrachten seine Witwe und seine Enkelin Aurora hier viele Jahre. Das 2011 eröffnete Schlossmuseum beleuchtet das schillernde Leben der Grafenfamilie, außerdem ist das Schloss für sein umfangreiches Veranstaltungsprogramm bekannt (21684 Agathenburg, März–Dez.: Di–Fr 14–18 Uhr, Sa/So 11–18 Uhr).

## 22 | Am Sande

Zurück auf der Altstadtinsel, passiert man zunächst an der Wallstraße ein schönes backsteinernes Bankhaus (1923) und erreicht nach wenigen Schritten den Platz Am Sande. Bereits im frühen 14. Jahrhundert unter diesem Namen erwähnt, befand sich hier vermutlich der Markt der bischöflichen Siedlung rund um die Kirche St. Wilhaldi, der jedoch im Mittelalter seine Bedeutung zugunsten des Pferdemarktes verlor.

In die Gebäude der Heilig-Geist-Kapelle am Sande wurde das 1142 gegründete Benediktinerkloster St. Marien verlegt. Zuvor war 1499 der vor der Stadt liegende Klosterbau (auf dem Gelände des heutigen Bahnhofes) abgebrochen worden, aus Angst, dass es sich die umherziehenden Landsknechte der »Schwarzen Garde« für ihre Belagerung zu Nutze machen könnten. 1648 hob Königin Christina von Schweden das Kloster auf, zwei Jahre später wurde die Kirche zur schwedischen Garnisonskirche umfunktioniert. Im Klosterhof residierte die schwedische Regierung unter dem Gouverneur Hans Christoph von Königsmarck. Bis zur Zerstörung während der dänischen Belagerung 1712 befand sich hier auch die Familiengruft der Grafen von Königsmarck.

Unter hannoverscher Ägide war der Platz seit 1736 von Kasernen umstanden, deren letzte verbliebene sich Am Sande 1 befindet. Über dem Eingang prangen das Monogramm »GR« (Georg Rex) und die Krone des englischen Königs Georg II., der in Personalunion Kurfürst von Hannover war. Zwei Stelen erinnern an Stader Juden, die dem Holocaust zum Opfer fielen. Rechter Hand ist an der Ecke Ritter-/Archivstraße das Gebäude des 1826 gegründeten Ritterschaftlichen Kreditinstitutes Stade zu sehen.

## 23 | Große Schmiedestraße

In der Nähe der Regierung gelegen, wohnten in der Großen Schmiedestraße vorrangig die schwedischen Beamten und Offiziere. Während der untere Teil der Straße von breitgelagerten barocken Backsteinhäusern gesäumt ist, prägen im oberen Bereich auf der linken Seite Fachwerk-Giebelhäuser aus dem 17. und 18. Jahrhundert das Bild. In einem Vorgängerbebäude von Nr. 23 erblickte 1662 Maria Aurora von Königsmarck das Licht der Welt.

Wo Kleine und Große Schmiedestraße aufeinandertreffen, erhebt sich das ehemalige Hotel Birnbaum, einst einer der gesellschaftlichen Treffpunkte Stades.

**Maria Aurora Gräfin von Königsmarck**
1662–1728, laut Voltaire die »berühmteste Frau zweier Jahrhunderte«. In Stade geboren, verbrachte die aus einem altmärkischen Adelsgeschlecht stammende Aurora ihre Kindheit auf Schloss Agathenburg. Vom europäischen Adel umschwärmt, besuchte Aurora mit ihrer Mutter deutsche und schwedische Höfe. Um den Tod ihres Bruders Philipp aufzuklären, kam sie 1694 an den Dresdener Hof, wo sie die erste offizielle Mätresse Augusts des Starken wurde. Ihrer beider Sohn Moritz von Sachsen stand später als Feldherr in französischen Diensten. Seit 1704 leitete die hochgebildete Gräfin das Stift Quedlinburg, wo sie auch verstarb.

## 24 | St. Wilhadi

Apr.–Okt.: Mo–Sa 11–16 Uhr;
Nov.–März: Mo–Sa 11.30–13.30 Uhr

**Willehad**
Um 740–789, Missionar und Bischof. Der angelsächsische Priester missionierte im Auftrag des fränkischen Königs Karl der Große bei den im Unterweser-Raum lebenden Sachsen. 787 in Anwesenheit des Königs zum Bischof geweiht, wurde Willehad im Folgejahr erster Bischof des neugegründeten Bistums Bremen. Kurz nach der Weihe des ersten Bremer Domes verstarb Willehad. In der im frühen 9. Jahrhundert verfassten »Vita Sancti Willehadi«, die in Abschriften aus dem 12. Jahrhundert überliefert ist, taucht der Stadtname Bremen erstmals schriftlich in den Urkunden auf.

Etwa zeitgleich mit den Grafen von Harsefeld, die im frühen 11. Jahrhundert ihren Sitz nach Stade verlagerten und die sie umgebende Hafenmarktsiedlung ausbauten, gründeten die Bischöfe von Bremen an dieser Stelle eine weitere Siedlung, deren geistliche Mitte ein Vorgängerbau der Wilhadikirche bildete. Um die Macht der gräflichen Siedlung einzudämmen, erwirkte Bischof Bezelin im Jahre 1038 sogar das kaiserliche Münz- und Zollrecht. Benannt ist das Gotteshaus nach dem Heiligen Willehad. Wie die Cosmaekirche taucht auch dieses Gotteshaus erstmals 1132 in den Stiftungsurkunden des Klosters St. Georg auf.

Den ältesten Teil von St. Wilhadi bildet der fast quadratische Westturm vom Ende des 13. Jahrhunderts – und dieses Alter sieht man ihm durchaus an. Trotz des mächtigen Granitsockels und der rund drei (!) Meter dicken Wände hängt der massive Turm an seiner südwestlichen Ecke über, was ihm den Beinamen »der schiefe Turm von Stade« eingebracht hat. Auf dem kupfergedeckten Pyramidendach mit den Uhrschlagglocken thront in 45 Metern Höhe die Wetterfahne, die 1765 als Baujahr des Daches angibt.

Im 14. Jahrhundert erfolgte der Ausbau zu einer dreischiffigen Hallenkirche, wobei zunächst die drei polygonalen Apsiden und daran anschließend die drei östlichen Langhausjoche errichtet und dann erst die drei Westjoche und das seitliche Brauthaus vollendet wurden. Die weitere Baugeschichte der Wilhadikirche ist vor allem von Bränden und Beschädigungen gekennzeichnet. Die große Feuersbrunst 1659 setzte die Kirche als eines der ersten Gebäude der Stadt in Brand, wobei das Dach, die Turmspitze und die gesamte Inneneinrichtung zerstört wurden. In weniger als zehn Jahren war der Wiederaufbau nahezu vollendet, den der Ratszimmermeister Andreas Henne 1673 mit einer hohen barocken Turmspitze bekrönte. Während der dänischen Belagerung 1712 erheblich in Mitleidenschaft gezogen und danach wieder aufgebaut, entfachte nur zwölf Jahre später ein Blitzeinschlag ein verheerendes Feuer im Turm, der in den Innenraum stürzte.

Aus der höher gelegenen Eingangshalle führen Stufen hinunter in die Hallenkirche. Die verschiedenen Bauphasen sind hier besonders an den Pfeilern zu erkennen, die die beiden Seitenschiffe vom gleich hohen Mittelschiff

Blick zur Orgelempore

abtrennen. Die ersten beiden westlichen Pfeilerpaare sind wuchtiger und schlichter gearbeitet als die älteren im Ostteil der Kirche; auch in den Arkaden- und Rippenprofilen ist dieser stilistische Wechsel auszumachen.

In den Jahren nach dem Stadtbrand entstand die neue Ausstattung von St. Wilhadi. Der Hamburger Kaufmann Claus Wilckens, in Stade aufgewachsen, stiftete 1660 die Kanzel und den Hauptaltar. Die niedrige Predella zeigt eine Abendmahlsdarstellung. Der Gekreuzigte im Hauptgeschoss wird von der trauernden Maria und Johannes sowie in den Seitenflügeln von den Evangelisten Matthäus und Markus flankiert. Über letzteren liegen Lukas und Johannes. Das zurückgesetzte Obergeschoss umschließt eine gemalte Grablegung Christi. Über allem thront der Auferstandene. Die reich geschmückte Kanzel zieren Apostelfiguren. Auf dem Schalldeckel »tummeln« sich Engel mit den Marterwerkzeugen Christi, der Auferstandene sowie unter dem Baldachin Bischof Willehad.

Bereits im Jahre 1322 ertönte in St. Wilhadi eine Orgel, deren Nachfolgerin 1659 ebenfalls zerstört wurde. Nachdem Berendt Huß die Orgel von St. Cosmae weitestgehend fertiggestellt hatte, widmete er sich ab 1673 dem Bau eines neuen Instrumentes für St. Wilhadi, das nach seinem Tod Arp Schnitger vollendete. Doch bereits 1724 fiel diese Orgel den Flammen zum Opfer. Seit 1736 ertönt – mittlerweile wieder auf ihren ursprünglichen Klang und die historische Farbgebung zurückgeführt – die prachtvolle Barockorgel des Erasmus Bielfeldt, die heute zu den wichtigsten deutschen Orgeln aus der Zeit Johann Sebastian Bachs zählt. 2019 erhielt St. Wilhadi eine neue Chororgel von Jens Steinhoff. Man sollte auch den Kronleuchtern Beachtung schenken; jener, der dem Altar am nächsten ist, stammt aus dem 16. Jahrhundert und überstand als einziges Ausstattungsstück den Brand.

Bis 1789 war St. Wilhadi von einem Friedhof umgeben. Im Süden des Wilhadi-Kirchhofes befinden sich das 1905 in Betrieb genommene Gerichtsgebäude und die ruhigen Gassen Bischofshof und Bischofstwiete mit ihren sanierten Fachwerkhäuschen. Hier liegt auch Stades Reeperbahn – im Gegensatz zur Hamburger Vergnügungsmeile völlig unspektakulär –, die ihren Namen von den Reepschlägern erhielt, die auf einer langen geraden Bahn Taue und Seile fertigten.

Die **Orgelakademie Stade e.V.** wurde 2002 mit dem Ziel gegründet, die Orgelkultur im Elbe-Weser-Dreieck zu fördern. Diese Region gilt als reichste Orgellandschaft der Welt, in der sich zahlreiche Originalinstrumente aus sechs Jahrhunderten erhalten haben, angefangen von der Spätgotik über die bedeutenden Barockinstrumente Arp Schnitgers bis hin zu romantischen Orgeln des 19. Jahrhunderts. Die Arbeit des Vereins umfasst Konzertreihen, Führungen, Ausflüge in die nordeuropäische Orgellandschaft, Lehrkurse, Aus- und Weiterbildungen sowie Angebote für Kinder und Familien.

## 25 | Seminarturnhalle

**Carl Diercke**

1842–1913, Pädagoge und Kartograf. Im Brandenburgischen geboren, durchlief Diercke seine Lehrerausbildung in Berlin. 1873 wurde er als Seminarleiter nach Stade versetzt, wo er im Folgejahr Direktor des königlichen Lehrerseminars wurde. In Stade erwachte Dierckes Interesse für Geografie, hier gründete er eine Naturwissenschaftlich-Geographische Vereinigung und begann, auch für Kinder geeignete Karten zu zeichnen. 1883 gab Diercke den »Schul-Atlas über alle Teile der Erde« heraus, dessen unzählige Neuauflagen Generationen von Schülern bis heute als »Diercke Weltatlas« nutz(t)en.

Im Norden des Wilhadi-Kirchhofes zweigt die Seminarstraße mit der Seminarturnhalle ab. 1850 wurde der Stader Männerturnverein gegründet, der 1863 seine eigene Turnhalle einweihte. Seit 1921 in städtischem Besitz, ertüchtigten sich hier Generationen von Stader Schülern. Außerdem wurden hier Lehrer des nahegelegenen Seminars ausgebildet. Eine Hausmeisterin erinnert sich (1923): »Während wir beim Turnen der ›Alten Männerriege‹ absolut nicht gestört werden, geht es beim Turnen der jüngeren Leute recht lebhaft zu [...] Unerträglich ist es aber in den Abenden, an denen die Damenriege turnt. Es stehen dann [...] junge Leute auf der Straße, die sich durch die Fenster des Ankleideraums mit den Turnerinnen unterhalten. Es wird dabei gepfiffen, gesungen und sonstiger Lärm verursacht«. Noch bis in die 1990er Jahre hinein sportlich genutzt, entdeckten Stader Kulturschaffende das Kleinod und wandelten die Seminarturnhalle in eine Kleinkunstbühne um, die sich mit verschiedenen Veranstaltungen als beliebte Stader Kultureinrichtung etabliert hat. Nur wenige Schritte entfernt befindet sich das 1822 gegründete Lehrerseminar, das der Straße seinen Namen gab. In dem Backsteinbau lebte 1873–1885 Carl Diercke.

# 26 | Johanniskloster

»Der lesende Mönch«

Geradeaus erreicht man das ehemalige Johanniskloster, das Franziskanermönche im frühen 13. Jahrhundert gründeten. Einer der ersten Äbte war Abt Albert. Die Klostergründung stand wohl in engem Zusammenhang mit der als unzureichend beklagten Zucht der Benediktinermönche im Kloster St. Marien. Aus diesem Grund war Albert 1236 nach Rom gereist, um die päpstliche Erlaubnis zu erhalten, St. Marien in ein Zisterzienserkloster umzuwandeln. Nachdem dieser Versuch gescheitert war, trat Albert mit weiteren Benediktinern um 1236 dem neugegründeten Johanniskloster bei. Im Zuge der Reformation wurde der Konvent 1526 aufgelöst und fortan als Armenhaus genutzt. Die dreiflügelige Anlage wurde nach dem Stadtbrand in den Jahren 1672/73 neu errichtet. Die 60 kleinen Zimmer waren bis 1972 bewohnt. Heute beherbergt das Johanniskloster verschiedene Einrichtungen. Im Innenhof verdeutlichen eine neu aufgemauerte Stützpfeilerreihe und eine Außenmauer die einstigen Ausmaße der dreischiffigen Klosterkirche, die nach dem Brand nicht wieder aufgebaut wurde. Ihre Grundmauern wurden bei archäologischen Grabungen im Rahmen des Neubaus des Stadtarchivs in den 1980er Jahren entdeckt.

## Albert von Stade

Etwa 1187–1256/64, Abt und Geschichtsschreiber. Seit 1232 Abt des Stader Benediktinerklosters St. Marien, unternahm Albert 1236 eine Reise nach Rom, um den Papst zu bitten, das Kloster den strengeren Zisterziensern zu unterstellen. Albert ist vor allem als Verfasser der Weltchronik »Annales Stadenses« bedeutend, in der er politische und kirchliche Ereignisse seiner Zeit dokumentierte. Auch seine Romreise mit allen Rastplätzen und Entfernungen fand Eingang in die Chronik – als Dialog zwischen zwei Mönchen über eine Pilgerreise nach Rom. Ein Förderverein setzt sich dafür ein, den Pilgerweg Alberts als »Via Romea« neu zu beleben.

# 27 | Salzstraße

Zum Endpunkt des Stadtrundgangs, dem Stadthafen, gelangt man über die Salzstraße. Sie war über Jahrhunderte ein wichtiger Verkehrsweg für das »weiße Gold« des Mittelalters, das Händler auf dem Landweg von Lüneburg, dem »Salzhaus« der Hanse, durch das Salztor nach Stade brachten, von wo aus es zu Wasser nach ganz Europa verschifft wurde. Salz gehörte zu den wichtigsten Fernhandelsgütern und war zudem als Zahlungsmittel bedeutend. Als eines der ältesten Kulturgüter der Menschheit ist Salz nicht nur lebensnotwendig, sondern stellte früher die einzige Möglichkeit dar, Lebensmittel zu konservieren. So wurden vor allem Fische haltbar gemacht, die im Binnenland als Fastenspeise nachgefragt wurden.

In der Salzstraße, in der heute zahlreiche Restaurants zum Verweilen einladen, haben sich sehenswerte Gebäude erhalten. Am Backsteinbau Nr. 13 sind noch die typischen Speichergeschosse samt Aufzugswinde zu sehen, ebenso am Fachwerkhaus Nr. 17. Stade liegt übrigens auch auf einem Salzstock, der erstmals 1873 angebohrt wurde und zur Gründung der Saline im heutigen Stadtteil Campe führte. 1964 bis 2003 war die »neue Saline« in der Nähe der Elbe in Betrieb.

## 28 | Stadthafen

Rechter Hand führt die Salzstraße geradewegs zum Stadthafen mit dem historischen Hafenkran. Nachdem der alte Hansehafen Jahrhunderte lang Stades einziger Hafen gewesen war, wurde durch die Schleifung der Festung ab 1880 Platz für einen neuen Hafen geschaffen. Im Stadthafen, in den Schiffe mit bis zu 65 Metern Länge und 3,50 Metern Tiefgang einlaufen konnten, wurden überwiegend Massengüter umgeschlagen, darunter Kohle und Holz; Obst aus dem Alten Land gelangte von hier aus in die ganze Welt. Aufgrund der tidebedingten Verschlickung erlebte der Stadthafen jedoch keine nennenswerte Blütezeit. Zum Löschen und Beladen diente seit 1927 der elektrisch betriebene Schienen-Laufkran. 2006 verhinderte der Alter Hafen e.V. den Abriss des Krans.

Unweit des Hafenkrans ankert das 1950 vom Stapel gelaufene Museumsschiff »Greundiek«. Das seetüchtige Küstenmotorschiff, das einst Stück- und Schüttgut transportierte, kann werktags besichtigt werden und bietet Ausflugsfahrten auf der Elbe sowie nach Hamburg, Glückstadt, Rendsburg und Kiel an. Es ist Außenstelle des Standesamtes und kann für vielfältige Anlässe gebucht werden.

Museumsschiff
»Greundiek«

Der Hafen besaß auch Gleisanschluss an den Bahnhof sowie die 1899 in Betrieb genommene Schmalspurbahn der Kehdinger Kreisbahn. In der gegenüberliegenden Salztorvorstadt entstanden im 19. Jahrhundert große Industriebetriebe wie die Norddeutsche Lederfabrik, die Saline, die Schiffswerft und die Dampfsägerei und Holzhandlung Hagenah & Borcholte. Seit dem Bau des Seehafens an der Elbe 1967 verlagerte sich die Industrie dorthin. Daraufhin hat sich die »Stader Hafencity« am Stadthafen in ein modernes Wohn- und Gewerbegebiet verwandelt. Im Stadthafen laufen heute Freizeit- und Sportboote ein und aus.

Mit der »zweiten« Industrialisierung an der Elbe stiegen in den 1970er Jahren auch die Gewerbeeinnahmen, die in die Sanierung der Altstadt investiert werden konnten. In Stadersand war seit 1972 das Kernkraftwerk Stade am Netz, das 2003 abgeschaltet wurde. Der Seehafen im Industriegebiet Stade-Bützfleth zählt heute, bezogen auf den Warenumschlag, zu den größten Seehäfen Deutschlands. Mit Dow Chemical, der Aluminium Oxid Stade GmbH und einem Airbus-Werk verfügt Stade über große Unternehmen. Aus der Erforschung für die Produktion von Bauteilen aus carbonfaserverstärktem Kunststoff (CFK) ist das Forschungszentrum CFK NORD entstanden.